PILE-POIL

Yves CARLEVARIS

Éditions ART ET COMÉDIE
3, rue de Marivaux
75002 PARIS

Yves CARLEVARIS

AUTEUR

Le repas de famille diffusée sur France Culture avec Marc Dudicourt et Monique Tarbes

La Voiture 18 (subventionnée par le ministère de la Culture)

Arrête de rire, ça va sauter

L'Homme de parenthèse

Promenades impressionnistes au musée d'Orsay

Autour de Victor Hugo au musée d'Orsay

Parcours littéraires au musée de l'Orangerie

Les Phares au musée de la Marine

ADAPTATEUR

La Paix d'Aristophane

Teleny d'Oscar Wilde

L'Amour en Visites d'Alfred Jarry

Scènes de ménage à partir de Jean Tardieu, Harold Pinter, Eugène Ionesco, Karl Valentin, Tom Kempinski

Molière en urgences

Femmes de Guy de Maupassant

La femme assise de Guillaume Apollinaire

Eve Future de Villiers de l'Isle Adam

Folies à Bagatelle

CO-AUTEUR

Couac avec Xavier Thibaut et Dominique Esnault (théâtre Daunou)

En toute modestie avec Sophie Forte

Grandes musiques pour petites oreilles pour les Concerts Lamoureux

PAROLIER

Le Grand Orchestre du Splendid

Lou Volt

Pascal Bolentin

CHRONIQUEUR

Privé de vacances sur France Inter pour Marc Jolivet

PERSONNAGES

MALCOLM : Astronome. Allure sympathique et modeste.

LESLIE : Bourgeoise travaillant dans l'import-export. C'est une grande et belle femme.

MARION : Sophistiquée et « brumeuse ».

GRETA : Femme à la beauté virile.

CLAIRE : Jeune fille de banlieue.

LAURÈNE : Actrice.

Soit 3 acteurs (les quatre derniers personnages étant joués par la même comédienne).

DÉCOR

Un salon de style campagnard. Premier plan jardin, la porte d'entrée. Deuxième plan, une chambre et une porte sur laquelle est inscrit : « chaufferie ». Côté cour, une chambre. Au fond, une fenêtre centrale. Et aussi une cheminée, un piano, une pendule, une grande armoire, un canapé, deux fauteuils, un grand abat-jour, une table.

C'est le soir. Les persiennes sont fermées. En hauteur, une ban-
derole d'un mètre de large traverse tout le salon, sur laquelle
est inscrit : « Bienvenue à Malcolm, amant de l'année ». Bruit
de voiture arrivant et s'arrêtant à l'extérieur.

MALCOLM, *off*. – Je peux quand même porter deux valises, ma
chérie.

LESLIE, *off*. – Tu as mal au dos.

MALCOLM, *off*. – Ne t'inquiète pas…

LESLIE, *off*. – Bon, je gare la voiture.

MALCOLM, *off*. – C'est ça.

Bruit de voiture qui s'éloigne. La porte du fond s'ouvre.
Entrée de Malcolm. Il est encombré de valises et de paquets.

MALCOLM, *regarde autour de lui*. – Lionel a refait les peintures.
C'est drôlement chouette ! *(Apercevant la banderole.)* Qu'est-ce que
c'est que ça ? *(Lisant.)* « Bienvenue à Malcolm, amant de l'année. »
Amant de…? *(Affolé.)* C'est pas vrai ! Oh ! le con ! Mais qu'est-ce
qu'il lui a pris ? Si Leslie voit ça, elle va s'imaginer qui sait quoi !
(Il se précipite sur une chaise, la place sous la banderole et tente
de la décrocher avec beaucoup de difficulté.) Je n'ai pas de chance !…

9

À peine arrivé, je… J'ai vraiment pas de chance!… *(Il prend la chaise, un pied sur la table, et s'active à défaire un des deux côtés de la banderole. Il regarde avec inquiétude vers la porte. Il s'énerve après la banderole.)* Mais pourquoi il m'a fait ça? *(Voix à l'extérieur assez lointaine qui se rapproche en chantonnant.)* C'est elle!… C'est fini! Elle… Elle va penser que je la trompe… Elle va me… me… *(Il redouble d'efforts. Il va à la porte d'entrée et la ferme à clé. La poignée de la porte tourne dans le vide plusieurs fois.*

LESLIE, *off*. – Mon hérisson!

MALCOLM. – Je suis là! Ouvre, ma chérie.

LESLIE, *off, actionne plusieurs fois la poignée de la porte*. – Je ne peux pas!

MALCOLM. – Comment ça? *(Il va tourner la poignée de la porte.)* Ben?… Tu ne vas pas le croire… J'ai fermé la porte à clé machinalement… et je ne sais plus où je l'ai mise! *(Il fonce à la banderole.)* Fou, non?

LESLIE, *off*. – C'est tout toi, ça. C'est insensé! Comment as-tu fait ton compte?

MALCOLM. – C'est incroyable, hein?

LESLIE, *off*. – Ah! ça oui! C'est incroyable ce que tu peux être tête en l'air.

MALCOLM. – Tu ne crois pas si bien dire! *(Malcolm parvient à détacher la banderole à cour. Il transporte la table à jardin, avec la chaise.)* Non!… Elle n'est pas dans ma poche.

LESLIE, *off*. – Chéri-amour, peut-être sur une table?

MALCOLM, *sur la table à jardin*. – Pas sur la table…

LESLIE, *off*. – Bon, ouvre la fenêtre.

Malcolm, *paniqué*. – Je ne peux pas. J'ai pas la clé! *(Il décroche le deuxième côté de la banderole.)*

Leslie, *off*. – La fenêtre, pas la porte! *(Amusée.)* Ah! mon hérisson, je voudrais te voir! Ce que tu dois être drôle!

Malcolm. – À tomber de rire… Voilà! *(Il descend tourner la poignée de la fenêtre.)* Oh non! Oh! ben non! La fenêtre est bloquée! *(Il plie et met la banderole sous le canapé.)*

Leslie, *off*. – Alors, ça vient?

Malcolm. – Youpi, ma chérie! J'ai trouvé la clef…

Leslie, *off, riant*. – C'est pas trop tôt!

Malcolm. – Ah! ma chérie, quelle histoire!

Entre Leslie.

Leslie. – Où était-elle?

Malcolm, *essoufflé*. – Quoi?

Leslie. – La clé!

Malcolm. – Quelle clé? Ah! la clé!… Alors là! Tu ne devineras jamais! Vas-y! Tu as dix secondes! Tic tic tic tic tic tic tic tic tic tic tic tic tic tic tic tic tic tic tic!

Leslie, *le regarde avec inquiétude*. – Ça ne va pas, Malcolm?

Malcolm. – Perdu! Elle était dans la…? Dans la main! Oui… Tu te rends compte?… Dans ma main! Dans la propre main de ton…? De ton…? De ton…? Mari! Perdu!

Leslie, *va à la fenêtre et l'ouvre*. – Elle marche!

Malcolm. – Non? Oh! ben ça alors! J'ai dû tourner la poignée du mauvais côté! *(Leslie regarde autour d'elle.)* C'est joliment meublé, non?

LESLIE, *ne répond pas, prend les valises de Malcolm et les transporte dans la chambre.* – Je vais ranger tes affaires. D'où vient cette affreuse odeur?

MALCOLM. – C'est les épandages!

LESLIE. – Mon chéri, avec ton pauvre nez citadin, tu vas souffrir le martyre. Tu aurais été mieux au bord de la mer. Mais non, tu adores venir dans cette maison! Je me demande bien ce que tu lui trouves.

MALCOLM. – Tu sais très bien que je travaille mieux ici. Je ne suis pas isolé, la ville est à pile-poil trois kilomètres.

LESLIE. – Tu as Internet!

MALCOLM. – Eh oui! Je suis relié au monde entier…

LESLIE. – C'est cela!… N'empêche, à une époque tu détestais la campagne.

MALCOLM. – Non, je ne détestais pas, mais comme toi tu détestais, je m'abstenais d'aimer.

LESLIE. – Chéri, la campagne me dégoûte; pire, me panique…

MALCOLM. – Mais alors pourquoi tu as insisté pour m'accompagner? Tu n'y viens jamais!

LESLIE. – C'est vrai… Parce que… Parce que j'ai un mauvais pressentiment…

MALCOLM. – Tu ne vas pas commencer…

LESLIE, *bas, à Malcolm.* – Sais-tu que les crimes campagnards dépassent en cruauté tout ce qu'on peut voir en ville?

MALCOLM, *bas.* – C'est parce qu'ils sont perpétrés par des loups-garous et des vampires. Je mettrai une gousse d'ail sur la porte.

LESLIE. – Tu peux te moquer de moi. J'ai tiré les tarots ce matin.

MALCOLM. – Il y avait longtemps !… Et alors ?

LESLIE. – Je suis tombée sur le pendu…

MALCOLM. – Pas possible ! Ce cher pendu ?

LESLIE. – L'année dernière, j'avais aussi tiré le pendu…

MALCOLM. – Je m'étais cassé la cheville, pas le cou !

LESLIE. – Moque-toi ! *(Un temps. Malcolm tire d'un sac une grosse lunette d'astronomie et la place près de la fenêtre qu'il ouvre en grand. Il regarde ensuite dans sa lunette. Leslie, pendant ce temps, fait le va-et-vient entre la chambre et l'armoire, qu'elle remplit des affaires de Malcolm. Au passage, elle le regarde du coin de l'œil, inquiète.)* Laisse le ciel tranquille. Il peut vivre un peu sans toi, le ciel !

MALCOLM. – Ton métier t'accapare autant que le mien !

LESLIE. – Non. Moi, quand je quitte la boutique, c'est fini. *(Montrant le ciel.)* Toi, tu es toujours là-haut ! La galaxie est ma pire ennemie ! Je préférerais avoir pour rivale une femme…

MALCOLM. – C'est toi qui dis ça, jalouse comme tu es !

LESLIE. – … plutôt que d'avoir à lutter contre une naine blanche ou noire…

MALCOLM. – Rouge !

LESLIE. – … rouge, au fin fond de l'univers ! Tu t'épuises ! À quoi tu penses ?

MALCOLM. – Je suis à la veille de trouver quelque chose d'important !

LESLIE. – Ces naines rouges t'épuisent !

MALCOLM. – Ce n'est pas elles qui m'épuisent !

LESLIE. – C'est qui ? C'est moi ?

MALCOLM. – Ton interrogation t'honore. Elle n'est pas à écarter d'emblée.

LESLIE. – Mon hérisson, j'aimerais qu'on fasse un bilan… un check-up conjugal !… Si tu profitais de cette retraite pour mettre noir sur blanc tout ce que tu me reproches ?

MALCOLM. – Je n'ai pas emporté assez de papier !

LESLIE. – Je sais que je suis un peu envahissante. C'est mon péché mignon. C'est de mère en fille. Pourtant, je suis sûre que pendant mon absence, tu vas t'ennuyer !

MALCOLM. – Toi aussi.

LESLIE. – Oh ! moi, j'ai mes clients ! Je passerai mes nerfs sur eux. Ils ont intérêt à filer doux et à ne pas me prendre la tête ! *(Une femme passe une seconde devant la fenêtre à l'extérieur et disparaît.)* Je t'ai fait toutes les recommandations dans la voiture ?

MALCOLM. – Oui ! Toutes et au-delà !

LESLIE. – Ah… je t'ai mis quatorze chemises, douze paires de chaussettes, vingt et un slips dont sept renforcés.

MALCOLM. – J'en changerai trois fois par jour. Ça m'occupera.

LESLIE. – Dernière chose… *(Solennelle.)* Mon chéri, si la campagne te paraît soudain le pire endroit de l'univers, appelle-moi. Je viens te chercher en urgence absolue.

MALCOLM. – Je n'y manquerai pas, chérie-mamou !

LESLIE. – Au revoir, chéri-bijou… *(Elle va pour sortir, puis se ravise.)* Je n'arrive pas à partir !

MALCOLM. – Ça se sent pas !

LESLIE. – C'est la faute au pendu…

MALCOLM, *à Leslie.* – S'il s'est pendu, tu ne peux plus rien pour lui.

LESLIE. – Plaisante ! Bon, je pars mais… *(Montrant son ventre.)*… j'ai une boule ici !

MALCOLM, *met les mains à sa gorge, bas.* – Et moi deux là.

LESLIE. – Au revoir, chéri-amour. Sage, hein ? Couche-toi tôt et… seul !

MALCOLM. – Mais enfin, chérie, avec qui veux-tu que… Tu sais bien qu'ici…

LESLIE, *grave.* – Ici comme ailleurs, le désir rôde ! Il peut te contaminer aussi, mon chéri !

Elle sort. Malcolm souffle, se lève, va au piano et joue un air de jazz entraînant. Leslie réapparaît. Instantanément, il joue son morceau d'une manière funèbre.

LESLIE. – Mon chéri, je n'ai pas le numéro d'ici. *(Elle note le numéro à côté du téléphone.)* Je vais te manquer ?

MALCOLM. – Ça va être un vide énorme… Comme si Vénus n'était plus dans le système solaire.

LESLIE. – Je t'aime très fort. Travaille bien, mon hérisson !

Elle lui envoie un baiser et disparaît. En passant devant la fenêtre, à l'extérieur, elle fait deux, trois signes cabalistiques et sort. Un temps. On entend la voiture de Leslie s'éloigner. Malcolm tombe dans un fauteuil, épuisé. Il se sert un whisky, boit puis compose un numéro de téléphone.

MALCOLM. – Lionel?… Oui… Oui… Oui… La banderole?… Si ça m'a fait rire? J'étais plié! Au point que j'ai pensé te proposer pour le prix du meilleur humoriste scientifique de haut niveau… T'es un vrai con! Leslie était avec moi!… Elle a tenu à m'accompagner… On ne dit pas non à ma femme!… J'ai frisé la catastrophe… À pisser de rire! Mais qu'est-ce qui t'a pris de mettre ce truc?… Quoi?… Ça va avec l'annonce? Quelle annonce?… Je t'entends mal! *(Il met le haut-parleur.)*

VOIX DE LIONEL. – Ouvre l'ordinateur!

MALCOLM. – Pour quoi faire?

VOIX DE LIONEL. – Ouvre! *(Malcolm le fait.)* Mon travail m'occupe à fond. Je n'ai pas le temps de draguer! Je n'ai pas la chance comme toi d'avoir une Leslie qui m'aime! Alors je trouve des filles sur Internet… sur « Meet Me »!

MALCOLM. – Sur « Meet Me »? Non? Sérieux?… Il y a des femmes qui débarquent sans complexe chez des inconnus? Mais c'est qui ces filles?

VOIX DE LIONEL. – Des filles comme toi et moi.

MALCOLM. – Tu fais ça, toi? Incroyable! Et alors?

VOIX DE LIONEL. – J'ai fait la même chose pour toi!

MALCOLM. – Comment ça, pour moi? Tu plaisantes!

VOIX DE LIONEL. – Pas du tout.

MALCOLM, *lit sur l'écran.* – « Homme libre… » Tu as mis « libre »?…

VOIX DE LIONEL. – Elles préfèrent.

MALCOLM. – « Libre, sentimental, attentionné. Cherche perle rare, coquine et féminine pour tranche de vie dans décor de rêve à la campagne dans la semaine du 12 au 19. Rendez-vous mardi 13 à… » Mardi 13 ? C'est demain !

VOIX DE LIONEL. – Il y a des réponses ?

MALCOLM. – Trois !… Une certaine Manon, et deux autres qui doivent confirmer leur venue…

VOIX DE LIONEL. – Si ça se trouve, t'en auras qu'une à voir !

MALCOLM. – J'en verrai aucune !

VOIX DE LIONEL. – Non, tu peux pas faire ça !

MALCOLM. – Si ! Arrange-toi avec elles. Moi, je viens ici pour travailler. Depuis des années, tu me proposes gentiment ta maison pour ça. Pour travailler ! Parce que, ici, je suis au calme pour me concentrer. Je te signale que je suis en pleine recherche sur…

VOIX DE LIONEL. – … sur les naines rouges de la région spatiale F 9990, je sais !… Bon, d'accord, j'ai fait une bourde… mais pour ces filles, qu'est-ce qu'on fait ? *(Malcolm glisse des « m'en fous » dans le discours de Lionel.)* Tu peux pas les recevoir vite fait ? « Bonjour, bonsoir. Vous n'êtes pas ce que je recherche. On vous écrira. » Comme ça, ça froisse personne. Allez, sois sympa !

MALCOLM. – Mais comment tu as pu penser que je pouvais tromper Leslie ? L'idée même m'en est insupportable. Tu peux comprendre ça ?

VOIX DE LIONEL. – Excuse-moi. Si j'avais su que tu étais tellement dépendant de ta femme… je veux dire amoureux de Leslie, créature splendide, je te le concède… je n'aurais pas fait ça… Mais maintenant que le mal est fait… Non ? Entre nous… une petite mignonne qui vient passer quelques jours avec toi... ni vu ni connu je t'embrouille, non ? Entre deux plongées dans l'espace !... C'est quand même pas à dédaigner ! Non ? Hein ?

MALCOLM. – Non ! En plus je suis très timide !

VOIX DE LIONEL. – Moi aussi, avant, j'étais comme toi ! Nul avec les filles ! *(Réaction de Malcolm.)* Maintenant faut me voir : tac, emballé c'est pesé... Pourtant je suis pas beau ! À peine moins moche que toi !... Et puis tu as la chambre spéciale !

MALCOLM. – Quelle chambre spéciale ?

VOIX DE LIONEL. – Tu peux pas connaître, ça vient de sortir ! Ouvre la porte de la chaufferie ! Tu vas voir, c'est génial !

Malcolm ouvre la porte. Des lumières psychédéliques se mettent à clignoter. Une musique sirupeuse se fait entendre.

MALCOLM. – Mais t'es complètement... mais complètement à la masse !... Tu as fait faire ça quand ?

VOIX DE LIONEL. – Le mois dernier ! Pour toi !... Non, je déconne ! T'as vu à l'intérieur ? Il y a plein de trucs sexy !

MALCOLM. – Des trucs sexy ? *(Il regarde.)* Oh ! mais c'est fou ! Mais t'es complètement... mais alors complètement... *(On entend brusquement « Malcolm » hurlé à l'extérieur. Il referme la porte, ainsi que le portable et l'ordinateur. Apparition soudaine de Leslie, très essoufflée, à la fenêtre ; ses habits sont froissés. Elle a du sang sur les mains et sur sa robe. Elle disparaît de la fenêtre, entre et se précipite sur Malcolm.)* Ma chérie !

LESLIE. – Mon chéri ! Chéri-bijou ! Chéri-à-moi !

MALCOLM. – Chérie-mamou ! Tu es blessée !

LESLIE. – Oui… Non… Je ne sais pas… Si ! C'est le sang de l'autre…

MALCOLM. – Quel autre ? De qui parles-tu ?

LESLIE. – Quel enfer ! Si tu savais… Si tu savais… Serre-moi dans tes bras…

MALCOLM. – C'est ce que je fais, ma chérie !

LESLIE. – Que c'est bon d'être contre son mari ! Oh ! c'est trop horrible !

MALCOLM. – Tu me retournes les sangs ! Que s'est-il passé ?

LESLIE. – J'avais à peine fait quelques kilomètres. J'arrive à un de ces endroits… tu sais… où toutes les voitures tournent dans tous les sens, n'importe comment… euh… euh…

MALCOLM. – Un rond-point ?

LESLIE. – Un rond-point ! Et là, je suis surprise de n'entendre aucun de ces horribles concerts de klaxons qui d'ordinaire accompagnent mon entrée dans un… un…

MALCOLM. – … rond-point !

LESLIE. – … rond-point ! J'en déduis qu'il n'y a personne et je fonce… Et là je… Comment aurais-je pu m'imaginer que… C'est affreux !… Je l'ai pris de plein fouet !

MALCOLM. – Seigneur !… Est-ce que tu es… dans ton tort ?

LESLIE. – Est-ce que je sais ? On ne pense pas à ces choses-là dans ces moments-là ! Et après non plus d'ailleurs !… Je descends de voiture, je tente de le ranimer… Trop tard ! Il expire dans mes bras.

MALCOLM. – Mon Dieu ! Ma chérie, c'est horrible !…

LESLIE. – Je suis bouleversée. Ma victime était méconnaissable…

MALCOLM. – À ce point ?

LESLIE. – Une boucherie, je te dis ! Il était tout petit, tout rond, tout potelé… Il avait dû échapper à sa maman !

MALCOLM, *horrifié.* – C'était un jeune ?

LESLIE. – Maintenant il est tout raplapla…

MALCOLM. – Tout raplapla ? Ah ! quel enfer !

LESLIE. – Il avait pas un an… ce petit hérisson !

MALCOLM. – Ah ! c'est un… Tu n'as écrasé qu'un hérisson ?…

LESLIE. – J'allais pour repartir, quand soudain je me fige !… Ce hérisson, c'était un message. Pire ! Un avertissement du pendu ! Ce hérisson écrasé ne pouvait avoir qu'une signification : quelque chose t'était arrivé ou allait t'arriver ! Alors j'ai roulé à tombeau ouvert en hurlant tout au long de la route. *(Elle hurle.)* « Malcolm ! Malcolm !… Malcolm !… »

MALCOLM. – C'est bien mon prénom. Pas de doute là-dessus, chérie-mamou !

LESLIE. – Il était écrit que cette première nuit dans cette affreuse campagne, tu la passerais avec moi. Je partirai demain à la première heure… *(Elle le regarde attentivement.)* Tu n'as pas l'air heureux !

MALCOLM. – Si ! Si !… Si je ne le montre pas, c'est par distraction.

LESLIE. – Toute cette aventure m'a épuisée. Je dormirai à côté… Si tu fumais, on ne serait pas obligés de faire chambre à part. Tu es pénible ! Tu m'as littéralement lessivée !

MALCOLM. – Moi ?

LESLIE. – Toi… Enfin toute ton histoire de hérisson !… *(Malcolm va pour répondre. Il se ravise.)* J'ai sommeil…

MALCOLM. – Première bonne nouvelle de la journée…

LESLIE, *sur le point d'entrer dans la chambre*. – Il y a quelque chose… de négatif ici. Une menace.

MALCOLM. – Mais non, va faire dodo, ma chérie. Tout va bien.

LESLIE. – Oui… Je te protège, je suis ton pôle positif… *(Elle fait quelques gestes bizarres en allant et venant dans la pièce.)* J'annihile les mauvaises ondes !

MALCOLM. – C'est cela ! Annihile ! Annihile !

LESLIE. – Je te ceinture de bonnes ondes !

MALCOLM. – Oui, oui, ceinture ! *(Leslie va à la porte de la chambre spéciale. Au moment où elle va pour entrer, Malcolm se précipite et l'en empêche.)* Pas là ! C'est la chaufferie.

LESLIE. – Et alors ? *(Elle veut entrer.)*

MALCOLM, *résiste*. – Non.

LESLIE. – La raison ?

MALCOLM. – Danger !

LESLIE. – Danger ?

Leslie va pour ouvrir la porte, Malcolm hurle.

MALCOLM. – Araignées ! *(Il fait un geste avec ses doigts.)* Comac !

LESLIE. – Araignées ? Comac ? *(Elle imite le geste de Malcolm, puis elle est prise de tremblements.)*

MALCOLM. – Tu veux que j'en tue une pour que tu voies la grosseur ?…

LESLIE. – Non ! *(Elle file dans la chambre.)* Tu vas te faire piquer…

MALCOLM. – Ne t'inquiète pas. Tu m'as ceinturé de bonnes ondes… *(Pour lui.)* Ceinturé ? Ceinture !… Mais oui ! Une ceinture !… Les naines rouges n'existent pas sans formation à leur périphérie d'une ceinture !… Une ceinture de planétoïdes !… Ce qui tendrait à prouver…

LESLIE, *off*. – Chéri-bijou, je t'en supplie, laisse les araignées !

MALCOLM. – Oui, chérie-mamou !

NOIR

Le lendemain matin. Leslie finit d'écrire sur un carton qu'elle laisse ensuite sur la table. Elle sort. Peu après, Malcolm entre.

MALCOLM, *éternue.* – J'ai pris froid! Ah! quelle nuit!… *(Il voit le carton et lit.)* « Mon chéri, je n'ai pas voulu troubler ton sommeil… » Elle a du tact!… *(Continuant à lire.)* « Je me suis réveillée en pleine forme… Le matelas de ton lit est exceptionnel. J'ai pris les références. Je t'achèterai le même modèle… Ne prends pas froid! Bisous. » *(Il éternue. Un temps. Il ouvre un thermos et se sert un café. Il ouvre l'ordinateur.)* J'ai rêvé de mes naines rouges! En F 9990, je voyais une Super-Terre! Je savais exactement où elle était!… C'était simple! C'est énervant!… Dans les rêves, le cerveau te donne pile-poil la solution, et dès que tu te réveilles, il y a comme une brume, et c'est fini! Tu peux toujours chercher! *(Il marche de long en large.)* Je vais quand même avertir la Société internationale d'astronomie… Ils vont me prendre pour un charlot! Tant pis! Ce rêve était si fort que… *(Il écrit sur l'ordinateur.)* « Message to the International Astronomic Society. My dear friends… I have to inform you that I… » *(Il s'arrête.)* Tiens! Il y a un message dans la boîte mail. *(Il lit.)* « Cher monsieur, je confirme : je serai chez vous à onze heures. Signé Manon! » Quoi?… Manon, ma première… « cliente » est à onze heures?… *(Il regarde l'heure.)* Mais c'est dans pas longtemps tout de suite, ça!… *(Il écrit quelques mots très vite,* *puis il s'habille à toute vitesse. Apparition à la fenêtre d'une femme très fine, très jolie, toute de mousseline vêtue... Elle le regarde.)* Qu'est-ce que je vais bien pouvoir lui dire? « Bonjour, charmante inconnue! » Trop conventionnel! « Madame! Alors, on vient s'encanailler? » Non. C'est trop abrupt! Plus léger! « Bonjour, ça boume? » Nul. « Bonjour! Très heureux de faire votre connaissance... » Voilà, c'est simple, mais ça dit bien ce que ça veut dire... « Très heureux de faire votre connaissance... »

MANON, *toujours à l'extérieur.* – Moi aussi.

MALCOLM. – Aaaah! *(Il se retourne brusquement, plonge derrière le canapé, puis se redresse.)* Bonjour! *(Il s'habille en se cachant derrière le canapé.)* Je... Je suis très content heureux charmé ravi de faire votre... de vous voir... Entrez!

MANON. – Je suis un peu en avance...

MALCOLM. – Oh! c'est pas... c'est pas... Désirez-vous vous... Mettez-vous à l'aise. Vous avez soif? Un verre de blanc?

MANON. – Merci. Cela me donne des nausées.

MALCOLM. – D'accord, on oublie! Moi, je vais m'en jeter un... je vais boire un coup... je vais prendre un verre... Vous c'est non... à cause de vos problèmes... œsophagiens...

MANON. – Je veux bien essayer de poser mes lèvres sur un verre... si vous me faites entrer!

MALCOLM. – Oh! mais oui, bien sûr! Où avais-je la tête? *(Il va ouvrir la porte. Elle entre.)* Je suis très heureux de faire votre connaissance, Greta.

MANON. – Si c'est à moi que vous parlez, mon nom est Manon!

MALCOLM. – Mais non!

MANON. – Mais si ! *(Malcolm regarde l'ordinateur.)* Vous vous êtes trompé de ligne !

MALCOLM. – Ah ! effectivement ! Greta, c'est une femme qui n'a pas confirmé sa venue…

MANON. – Ne soyez pas confus, moi aussi je suis une habituée des annonces sur Internet.

MALCOLM. – Moi pas du tout, en dépit des apparences.

MANON. – Et souvent, j'introvertis les fiches… Oh ! lapsus ! J'inter-ver-tis les fiches !…

MALCOLM. – Personnellement, c'est la première fois que…

MANON. – Pour ce qui est de rendre visite à un homme… chez lui, moi aussi !

MALCOLM. – Je veux vous dire que…

MANON. – J'en ai d'autres à voir après vous.

MALCOLM. – Ah !

Un temps. Il lui sert à boire. Elle goûte et fait la grimace.

MANON. – Décidément, je déteste l'alcool. Vous jouez du piano ?

MALCOLM, *se précipite vers le piano*. – Oui ! Un peu… Bien… Très bien. *(Il joue son morceau.)*

MANON. – C'est magnifique ! J'adore ! *(Malcolm sourit, prend de l'assurance.)* Vous avez ce quelque chose que n'ont pas les autres ! *(Sans aucune méchanceté.)* Vous jouez d'une manière tellement naïve sans vous préoccuper des fausses notes. Que c'est beau un amateur ! *(Malcolm fait beaucoup de fausses notes coup sur coup. Il s'arrête. Un temps.)* Nous avons un point commun, je crois : la timidité ! Mes mains tremblent… Elles sont moites ! *(Elle lui tend les mains.)* Vérifiez !

MALCOLM. – Je vous crois sur parole ! *(Un temps.)*

MANON. – Le principe de ces rencontres est, je crois, de dévoiler assez vite à l'autre qui on est… pour tenter de jeter des passerelles ! J'ai aimé votre mail… J'ai senti à travers lui votre solitude…

MALCOLM. – Mais je ne suis pas du tout… Je suis marié !

MANON. – La solitude à deux ? La pire ! Le mariage ?… Non ! Mon père s'y est toujours opposé.

MALCOLM. – Votre père ?

MANON. – Je ne souhaite pas en parler. *(Elle se lève, soudain agitée.)* Cela me rend fébrile !

MALCOLM. – Je trouve ma situation… gênante. Entrer ainsi dans la vie privée d'une femme… Je ne souhaite pas aller au-delà avec vous, Manon.

MANON. – Ce n'est pas vous qui décidez, mais la bébête !

MALCOLM. – La bébête ?

MANON. La bébête du désir ! Celle qui est dans la tête de chaque homme. Elle peut vous rendre fou amoureux d'un coup.

MALCOLM. – Taratata !

Un temps.

MANON. – Votre mail disait que vous êtes toujours dans les étoiles.

MALCOLM. – Ah ! il disait que… Ah oui !

MANON. – J'ai aimé cette expression. Poète ?

MALCOLM. – Je sonde le ciel.

MANON. – Vous cherchez votre étoile ?

MALCOLM. – Je suis astronome.

MANON. – Astronome des cœurs! J'adore! Ah! je trouve ces messages d'hommes si pathétiques, si obsessionnels! Ils révèlent un tel mal-être! *(Rêveuse.)* « Espèce de grosse… tût! J'aimerais tant te… tût! Je te… tût et je te re-tût! » Et cetera. Le « tût », c'est la censure.

MALCOLM. – J'avais compris! Ôtez-moi d'un doute : je vous ai envoyé des… « tût tût »?

MANON. – Vous, non. La plupart des autres, oui. Je réponds à tous! J'ai le temps, je ne travaille pas. Je suis en arrêt maladie pour un an.

MALCOLM. – Un an? C'est une maladie grave?

MANON, *sourit.* – Névrose d'angoisse au travail! Papa m'a élevée dans l'idée que je ne suis pas faite pour ça… Je lui ai désobéi en voulant aller travailler. Je le paye!

MALCOLM. – Il faut toujours obéir à son papa.

MANON. – Mon papa m'a beaucoup marquée… mais moins que la perte de mon grand amour… C'est une histoire que je ne peux pas raconter sans pleurer.

MALCOLM. – Si on parlait d'autre chose?

MANON, *sourit.* – Au contraire, j'adore pleurer! Ça me détend!… *(Elle pleure.)* Il s'appelait Miel… Quelquefois, nous restions serrés six ou sept heures!

MALCOLM. – Sept heures? Fichtre! Mais qu'est-ce vous entendez par « serrés »?

MANON. – L'un contre l'autre comme dans l'amour.

MALCOLM. – Mais dans l'amour on ne fait pas que se serrer!

MANON. – Avec moi, oui…

MALCOLM. – Vous voulez dire que…

MANON. – J'offre à l'homme ma nudité intégrale mais… sans l'acte.

MALCOLM. – Ah ! sans le… Jamais vous n'avez… ? Donc vous êtes…

MANON, *sourit.* – … une pure jeune fille… et papa ne se met pas en colère !

MALCOLM. – Mais sans vouloir outrager votre pudeur, vous ne trouvez pas bizarre qu'à votre âge…

MANON. – Je n'ai que trente-trois ans !

MALCOLM. – Ah ! ben oui, évidemment ! Trente-trois ans, il y a pas le feu au lac !

MANON. – Je me suis mise dans les mains d'un psychanalyste.

MALCOLM. – Résultats faibles, apparemment… Je veux dire le rapport qualité-prix…

MANON. – Pauvres psy !… Ils vous font payer très cher leur impossibilité à résoudre leurs propres conflits !

MALCOLM. – Voilà, voilà… Manon, j'ai été ravi de vous rencontrer. Je vous trouve très… intéressante… originale même… mais… notre entretien ne débouchera sur rien car…

MANON. – Je le savais. Papa me l'avait dit.

MALCOLM. – Vous avez parlé à monsieur votre père de notre rendez-vous ?

MANON. – Il sait tout ! *(Elle fait tomber un vase en prenant son sac. Il se brise.)* Je suis très maladroite. Désolée !

MALCOLM. – Aucune importance. Je suis en location…

MANON, *allume une cigarette.* – Je vous sens déçu…

MALCOLM. – Moi ? Pas du tout !

MANON. – Vous savez, un jour je pourrais accepter… de devenir femme…

MALCOLM. – Mais je vous le souhaite !

MANON. – Vous voulez faire l'amour avec moi ?

MALCOLM. – Moi ? Pas… pas… pas… pas soutuite… pas dousuite… Non !

MANON. – Tant mieux. Ça ne marcherait pas ! Je n'ai jamais vu un homme sortir heureux de mon lit à baldaquin depuis la perte de Miel ! J'y vais comme à l'abattoir !… La seule chose que je fasse bien en amour, c'est… masser les pieds et les mains ! Le reste…

MALCOLM. – … c'est moins important.

MANON. – Excusez-moi, mais dans votre mail, vous avez précisé N. F. : « Non fidèle » ?

MALCOLM. – Plutôt non…

MANON. – Que c'est excitant ! Parler des choses de l'amour me donne des palpitations extrasystoliques. *(Elle prend, en toute innocence, la main de Malcolm et la place sur sa poitrine.)* Écoutez ! *(Réaction de Malcolm. Il n'enlève pas tout de suite sa main.)* Vous faites quoi avec votre tube ?

MALCOLM. – Le tube ? Il m'aide à penser !… Dans cette galaxie comme dans tout l'univers, il y a une majorité de naines rouges.

MANON. – Des naines rouges ? Dans les réserves indiennes ?

MALCOLM. – Les naines rouges sont des astres moins brillants que notre Soleil et trop peu massifs pour devenir des étoiles. Je cherche à savoir si elles ne cachent pas des planètes. Pour cela, j'ai concentré mes efforts sur les disques de débris.

MANON, *excitée*. – Ah ouiiii ! !

MALCOLM. – D'après ma théorie sur la naissance des systèmes solaires…

MANON. – Ah oouiich ?

MALCOLM. – Bref, j'ai eu l'idée de rechercher la présence de planètes derrière trente-deux naines rouges.

MANON. – Ces naines rouges… même si elles sont moins puissantes que des soleils, elles pourraient nous engloutir… nous désagréger… nous liquider… Quand s'est formé l'univers ?

MALCOLM. – Le jour où vous avez ouvert vos jolis yeux à la vie.

MANON. – Ouaaaach ! Des mots pareils, ça touche ! Ça fait frouch-frouch dans le cœur !… Ça déboussole ! Ça…

MALCOLM. – Manon ! C'est une formule !

MANON. – Ça fait perdre ses repères. Ça fait rougir, cette formule ! *(Elle se serre contre Malcolm.)*

MALCOLM. – Manon !

MANON. – Ça rend impudique, cette formule !

> *Elle ouvre la porte sur laquelle est indiqué « chaufferie ». Musique et éclairages psychédéliques. Elle le pousse à l'intérieur.*

MALCOLM. – Qu'est-ce qui vous prend ? Mais enfin, lâchez-moi !

MANON. – Oh ! mon chéri ! Où m'emmènes-tu ? Au paradis ou en enfer ?… Ou les deux ?… Je ne résiste pas… Je ne résiste plus…

MALCOLM, *essaie de sortir*. – Manon ! Je m'oppose de toutes mes forces à cette tentative de… Lâchez-moi ! Vous n'avez pas le droit ! Au viol ! Au viol !

> *Par trois fois, Malcolm essaye de sortir. Manon, à chaque fois, referme la porte.*

MANON, *à part*. – Il faut parfois faire le bonheur du mâle malgré lui !

> *Elle ferme la porte à clé.*

NOIR

On entend crier : « Au secours ! » La porte s'ouvre. Une lueur rouge apparaît. Malcolm sort.

MALCOLM, *hurle.* – L'extincteur ! Où est l'extincteur ? Ah ! là ! *(Il se saisit de l'extincteur et file à l'intérieur. Il revient couvert de mousse.)* Manon, ça va ? J'ai des notions de secourisme ! *(Récitant pour lui.)* « Étendre la personne sur le côté, si elle est consciente… » J'ai fait surtout de la théorie. Ah ! elle revient à elle… Manon ! Manon !

MANON. – Où suis-je ?

MALCOLM. – Dans les bras de Malcolm et plus rien ne peut vous arriver… Vous vous êtes évanouie.

MANON. – Je pars souvent.

MALCOLM. – Ah !

MANON. – Mais je reviens. Je me sens toujours mieux après.

MALCOLM. – Ah !

MANON. – Merveilleux ! J'adore les histoires embrouillées.

MALCOLM. – J'avais cru comprendre.

MANON. – Chez vous, il arrive des choses imprévues et si… si troublantes !

MALCOLM. – Oui… Surtout en ce moment.

MANON. – Oh ! je suis bien ! Je suis molle… Incroyablement molle… J'ai envie de rire ! Faites-moi rire…

MALCOLM. – Moi, que je vous… Ah ?… Une blague ! Voyons… Ah ! voilà… Ça se passe au tribunal. *(Manon rit.)* Le juge à l'accusé : « Vous reconnaissez avoir tué votre père et votre mère ? » *(Manon rit.)* L'accusé : « Oui, monsieur le juge, ayez pitié d'un pauvre orphelin ! »

Manon ne rit plus et se blottit contre lui.

MANON. – Le feu ne m'a pas permis de devenir femme ! Pourtant je n'étais pas contre ! Ce n'est que partie remise… Comment a-t-il pris ?

MALCOLM. – Vous avez allumé une cigarette. *(Elle en allume une.)* Voilà ! Puis vous l'avez posée sur le rebord de la table de nuit… et vous avez commencé à me serrer…

MANON. – Oh oui ! Serrés…

MALCOLM. – … avec une de ces forces, j'en avais le souffle coupé ! Résister à la suffocation. Je ne pensais plus qu'à ça ! Ouch !

MANON. – Oui, ouch ! Ouch, oui !… Dans le feu de la passion, si j'ose dire, je n'ai plus fait attention à la cigarette… Elle est tombée sur la peau de mouton qui a pris feu…

MALCOLM. – Alors pour que vous ne soyez pas brûlée, j'ai arraché cette couverture…

MANON. – Oh ! votre main ! Oh ! là, c'est du premier degré, ça !

MALCOLM. – Il y a des jours où on devrait pas sortir de chez soi… La trousse à pharmacie ! *(Il se précipite dans la chambre.)*

MANON. – Quelle présence d'esprit! Rapidité d'exécution! Sang-froid! À votre place, beaucoup se seraient carapatés!

Il revient, elle nettoie et bande la main de Malcolm tout en fumant.

MALCOLM. – C'est à cause de vous si tout ça est arrivé!

MANON. – Moi?

MALCOLM. – Vous, parfaitement! Vous m'avez forcé à entrer là.

MANON. – Mon presque amant, ne souille pas ta psyché inutilement! Le nettoyage intérieur coûte si cher par la suite!

MALCOLM. – Vous êtes vraiment tordue! Même ma femme paraît normale à côté de vous.

MANON. – J'ai adoré ce premier contact avec vous. Mouvementé comme je les aime… Si au bout de trois pleines lunes, mon désir est toujours aussi puissant, j'obéirai à ce maître absolu : l'amour! Et je m'abstiendrai de fumer… *(Elle pose sa cigarette sur un cendrier.)*

MALCOLM. – Bonne idée.

MANON. – Et voilà! *(Malcolm regarde sa main bandée puis il essaye de se servir à boire.)* Votre handicap vous rend touchant! On a envie de vous prendre dans ses bras! De vous bercer! De vous chouchouter!… *(Manon essaye de l'embrasser. Il la repousse mollement.)*

LESLIE, *off* – Chéri-amour!

MALCOLM. – Ma femme! Aaaah! Il ne faut pas qu'elle vous voie là! Elle va croire que nous deux nous… nous fricotons! Elle est d'une jalousie terrifiante!

MANON. – Jalouse? Faites-moi confiance, elle ne va pas l'être longtemps! Ouiiiiich! J'adore l'imprévu!

LESLIE, *à la fenêtre.* – Mon hérisson !

MALCOLM. – Bijou-mamou ! *(Entre Leslie.)* Je te présente une amie de… Lionel ! Elle vient d'arriver…

MANON. – À l'instant même ! Bonjour, madame. Je suis l'amante de sa sœur…

MALCOLM. – C'est l'amante de ma sœur !… De ma sœur ? Non, l'amante de sa sœur… à Lionel ! Oui ! Elle est passée voir… justement… la sœur de Lionel ! Comme c'est l'amante de la sœur de Lionel, c'est normal qu'elle passe voir son amante chez le frère à la sœur !

MANON. – Je pensais qu'elle était là… Elle est souvent là le week-end…

LESLIE. – Vous êtes en ménage… avec la sœur de Lionel ? Au fait, il a une sœur ?

MALCOLM. – Une demie ! Mais ça compte pareil ! *(À Manon.)* Comme vous le voyez, elle n'est pas là… Donc désolé, madame…

MANON. – Je venais pour rompre ! Je venais dire à mon amante : « Non, non… je ne t'aime plus ! Je ne ressens plus rien pour toi ! Tu n'arrives plus à me faire jouir ! »

LESLIE. – Pardon ? Que dit-elle ?

MALCOLM. – « Tu n'arrives plus à me faire rougir ! »

MANON, *pouffe.* – « Jouir », pas « rougir » ! Deux ans qu'on est ensemble ! J'ai essayé avec des hommes : ça ne marche pas.

MALCOLM. – Faut continuer avec les femmes. Au revoir, madame.

Manon regarde Leslie.

LESLIE. – Qu'est-ce qu'il y a ? Pourquoi vous me dévisagez avec cette insistance dans le regard ? *(Manon se tortille doucement en la regardant.)* Qu'est-ce qu'elle a ?

MALCOLM. – Sais pas !

MANON. – Vous… vous… aimez les filles ! Hein ?

LESLIE. – S'il vous plaît ?

MANON. – Les nanas, les femelles, les quilles… Hein ?

LESLIE. – Elle plaisante ou elle est folle ?

MALCOLM, *bas*. – Deuxième hypothèse.

MANON, *regarde Leslie avec de plus en plus d'insistance*. – J'en suis sûre ! Vous êtes une lesbos refoulée. Une reine de placard. Je les reconnais au premier coup d'œil les reines de placard !

LESLIE. – Non, mais dites donc, mais je ne suis pas une reine de placard !… C'est quoi, au fait ?

MALCOLM. – Sais pas !

MANON. – Une refoulée !

LESLIE. – Moi ?

MANON. – Une planquée ! Une honteuse ! Oh ! ma vicieuse ! Je vous regarde et dans mon jeune corps monte un « full » de désirs… un « full » de spasmes avant-coureurs de la… déflagration !

LESLIE. – « Un "full" de spasmes avant-coureurs de la… » Non, mais dites donc !

MANON. – Vous êtes… une de ces femmes-brioches… une de ces femmes-biscuits… une de ces femmes-brunchs qu'on a envie de…

LESLIE. – Mais je ne suis ni une femme-brioche, ni une femme-brunch ! Mais enfin, dis quelque chose !

MALCOLM. – Elle n'a pas tort, tu as quand même un petit côté… brunchie… brunchouille…

MANON. – Les femmes se sont libérées! Elles osent dire leurs émois! Direct! Sans intermédiaire! Vous me plaisez!… Miam-miam! *(Ad libitum sur tous les tons.)*

LESLIE. – Comment ça, « miam-miam »?… Mais c'est qu'elle me… Mais lâchez-moi! Mais je ne vous… Mais je ne vous… Mais je ne vous permets pas de…

Leslie fuit, Manon la poursuit.

MANON. – Miam-miam avec toi!

LESLIE. – Miam-miam avec moi? Jamais! Nous n'avons pas été présentées! Je veux dire… c'est si brutal!

MANON. – Tu me plais, belle des champs et de la ville! Et moi, te plais-je? *(Elle fait toutes sortes de mouvements gracieux entrecoupés de petits soupirs.)* Vois la nacre de mes bras! Mes jambes! Mes seins… Ma boouuuche!

LESLIE. – La boouuuche et le reste! C'est vrai que vous êtes jolie et tout et tout partout… mais je ne… Ça ne m'intéresse pas!… *(Voix grave.)* Laisse-moi!… Ne me tente pas, démone!

MANON. – Vire le grand mou!

MALCOLM. – C'est moi le grand mou? Arrêtez d'ennuyer ma femme! Allez-vous-en!

MANON. – Je suis ta Sapho! Allons nous aimer lune à lune!

MALCOLM. – C'est ça! Lune à lune! *(Bas, à Manon.)* C'est bien comme ça! Ça suffit!

MANON, *bas*. – Vous croyez?

MALCOLM, *bas*. – Si, si! Au-delà, ce serait trop! Là, elle peut plus être jalouse!

MANON, *bas*. – Quand je vais dire ça à papa!

MALCOLM, *bas*. – Faites-lui mes amitiés !

MANON, *à Leslie*. – Adieu mon beau rêve… « gouin » !

Elle disparaît.

LESLIE. – « Beau rêve "gouin" » ! Non mais qu'est-ce que c'est que cette folle ? Quelle impudeur ! Elles n'ont plus de limite !

MALCOLM. – Ça n'avait pas l'air de te déplaire !

LESLIE. – Je jouais le jeu, idiot ! Je t'ai sauvé la mise ! C'est comme ça que tu me remercies ? Je ne savais pas que Lionel avait une sœur… Tu n'as pas l'air heureux de me voir ?

MALCOLM. – J'explose de joie. Non. J'implose… Ma chérie, que veux-tu, cette fois ? Tu as à nouveau un problème de pendu ?

LESLIE, *un paquet à la main*. – J'avais oublié de te donner tes chaussettes. Je les avais mises dans un sac à part. Qui sait pourquoi. *(Elle pouffe. Lui aussi, mais il l'imite.)* Tu te vois rester sans chaussettes ?

MALCOLM. – Ah ! ben non ! Malcolm aurait pris froid à ses petits petons… les petits petons de son hérisson… *(Changeant de ton.)* Et tu n'es revenue que pour ça ? Pour m'apporter mes chaussettes ?

LESLIE. – Bien sûr ! *(Elle téléphone.)* Allô !… Bonjour, c'est Leslie… Margot ?… Rien de spécial ?… Mongin ? Il veut un pashmina bleu pâle ?… On n'en a plus en stock ?… Propose-lui-en un en cachemire… Il n'en veut pas ?… Fais-le traîner !… Je repars bientôt en Inde… Non, tu ne refiles pas ce client à Babette ! Un client, c'est sacré. Je te l'ai déjà expliqué mille fois ! Un client, c'est comme une paire de chaussures d'avant-guerre : ça s'use jusqu'à la trame ! C'est un os à ronger jusqu'à la moelle ! *(Malcolm aperçoit la cigarette qui fume dans un cendrier. Il l'enlève.)* Un client, c'est… *(Elle surprend Malcolm la cigarette à la main. Elle raccroche.)* Tu fumes ?

MALCOLM. – Qui ? Moi ? Non ! Oui !

LESLIE. – Tu as repris ?

MALCOLM. – Pile-poil. D'un coup !

LESLIE. – Sans m'en parler ?

MALCOLM. – Je voulais te faire la surprise… C'est le côté fumeux de ma personnalité !

LESLIE. – Oh ! mon chéri ! C'est merveilleux !

MALCOLM. – Quoi ?

LESLIE. – Si tu refumes, nous allons pouvoir à nouveau faire chambre commune.

MALCOLM. – Oui… enfin, c'est-à-dire… c'est un essai pour voir si je supporte…

LESLIE. – Je te manque la nuit dans le lit ?

MALCOLM, *écrase sa cigarette.* – En fait non…

LESLIE. – Hein ?

MALCOLM. – La cigarette… C'est non !… Mais je ne renonce pas…

LESLIE. – Tu n'es pas bien ? Tu as un tic !

MALCOLM. – Un tic ! Moi ? Quel tic ? Où le tic ?

LESLIE. – Oui !

MALCOLM. – Où le tic ? Quel tic ?

LESLIE. – Sur la joue. Je le vois sauter… Là ! Oh là là là ! Prends du magnésium, je t'en ai mis. Ne sale pas trop ta nourriture !

> *Elle entre dans la chambre.*
> *Le téléphone sonne.*

MALCOLM, *à part.* – Je vais avoir une attaque !… *(Au téléphone.)* Lionel ?… *(Entre Leslie.)* Je te laisse. J'ai du travail, si tu vois ce que je veux dire. *(Il raccroche.)*

LESLIE. – À qui tu parlais ?

MALCOLM. – C'était un faux numéro !

LESLIE. – Tu tutoies quelqu'un qui fait un faux numéro ?

MALCOLM. – Normal ! Le type me dit : « C'est toi, Marcel ? » Je dis : « Non, je te laisse. J'ai du travail, si tu vois ce que je veux dire. » C'est tout bête !

LESLIE, *voit sa main.* – Malcolm ? Qu'est-ce qui t'est arrivé à la main ?

MALCOLM. – À la main ? Rien !… Pas grand-chose ! Enfin, si ! *(Avec gravité.)* Une sale histoire !… Le rat !

LESLIE. – Le rat ?

MALCOLM. – Le rat…

LESLIE. – Il y a des rats ici ?

MALCOLM. – Plein ! Dans l'armoire, il y a un mastard comme ça !

LESLIE. – Dans l'armoire ?…

Leslie monte sur une chaise.

MALCOLM. – Ça fait une heure qu'il me nargue ! Avant l'arrivée de la folle, j'étais en train de m'en occuper…

LESLIE. – C'est affreux ! Pourquoi tu ne m'as pas téléphoné que…

MALCOLM. – Je ne voulais pas t'inquiéter ! Je sais que les rats te paniquent ! Je m'étais assoupi, est-ce qu'il me guettait, je n'en sais rien… Toujours est-il qu'il a profité de mon sommeil pour pile-poil me mordre.

LESLIE. – Affolant! Tu as appelé le médecin?

MALCOLM. – Tu parles!

LESLIE. – Il t'a fait une piqûre antirabique?

MALCOLM. – Cinq!… Une pour chaque doigt… *(Il regarde l'heure à sa montre.)* Bon, c'est pas que je m'ennuie avec toi, mais faut que je m'occupe du monstre. La housse de ma lunette astronomique! Ça fera l'affaire. *(Bas.)* Ne fais pas de bruit, O. K.? *(Il ouvre la porte de l'armoire et frappe.)* Ah! tu t'attendais pas à ça, hein, mon lascar? C'est ça! Montre tes dents jaunes! Si tu crois m'impressionner, p'tit père! Gigote! Gigote! Gigotera bien qui gigotera le dernier! *(Il continue à frapper dans tous les sens en poussant des cris aigus de rat…)* T'en as plus pour longtemps. Ah! Aaaaah! Bâtard!

LESLIE. – Aaaaah! Aaaaah! Arrête! C'est horrible! Je vais me trouver mal! Je vais chercher de la mort-aux-rats en ville. *(Violente.)* Tue-les, ces fumiers! Crève-les, ces ordures! *(Elle sort.)*

MALCOLM, *quand Leslie passe à l'extérieur devant la fenêtre.* – Je l'ai eu! Chérie! Maintenant, aux autres! Je vais en avoir pour plusieurs heures à tous les massacrer… Mais j'adore ça! Les rats, c'est nos ennemis héréditaires! Au suivant! *(On entend la voiture de Leslie s'éloigner. Il s'écroule sur le canapé.)* Cette fois, elle n'est pas près de revenir!… *(Il se sert à boire.)* Quoiqu'on ne sait jamais avec elle!… C'est curieux tout de même cette façon qu'elle a de tout le temps être là pile-poil quand il faut pas! *(Il boit. Son portable sonne. Il répond.)* Lionel? J'ai frisé la cata… Ma femme est revenue pendant que j'étais avec Manon, une fille jolie mais folle…

VOIX DE LIONEL. – Et alors?

MALCOLM. – Elle lui a fait un numéro de charme époustouflant… Elle m'a sauvé la mise.

VOIX DE LIONEL. – Ah bon?… Et Leslie est partie?

MALCOLM. – Oui. Je suis épuisé.

VOIX DE LIONEL. – J'imagine. Quand reçois-tu Greta ?

MALCOLM, *regarde sa montre*. – À quatre heures.

VOIX DE LIONEL. – Excuse-moi, on m'appelle sur une autre ligne. Bon, allez, courage. *(Il raccroche.)*

MALCOLM. – J'ai une heure avant l'arrivée de… Au fait, comment Lionel sait qu'elle s'appelle Greta ? Je ne me souviens pas le lui avoir dit…

NOIR

Malcolm est en plein travail. De temps à autre, il s'arrête et fait des croquis sur un carnet.

MALCOLM. – Bon sang! À cet endroit de l'espace, il y a un conglomérat de naines rouges! Elles sont toutes en enfilade… pile-poil dans une sorte de couloir… La question que je me pose c'est… attention, c'est une hypothèse d'école, aucune certitude là-dedans… est-ce que par hasard…

Apparition à la fenêtre d'une fille d'aspect très viril, gants et casque de moto.

GRETA. – Salut! Je suis la fille du mail! Je devais confirmer ma venue et je l'ai pas fait… Greta!

MALCOLM. – Ah!… Greta! Enchanté!… Entrez! *(Greta s'éloigne de la fenêtre.)* Oh! Lionel! Enfoiré!

GRETA. – J'étais pas sûre de venir. J'ai décidé au dernier moment…

MALCOLM. – C'est souvent au dernier moment qu'on… hein, et après tout, pourquoi pas, non? *(Rire niais.)* Alors, Greta!… Eh bien, un verre de blanc?

GRETA. – Non. Je tiens à garder le contrôle!… *(Un temps. Malcolm va au piano et joue « son » morceau.)* J'aime pas le jazz!

Malcolm arrête de jouer.

MALCOLM. – Moi non plus !

GRETA. – Alors, pourquoi vous en jouez ?

MALCOLM. – Je voulais vérifier à quel niveau de dégoût j'en étais arrivé avec cette musique ! *(À part.)* Mais pourquoi je mens, moi ?

Greta regarde autour d'elle…

GRETA. – C'est pas vous qui avez orné cette maison.

MALCOLM. – Non ! Pourquoi ?

GRETA. – Ça ne cadre pas avec l'idée que je me fais de vous. Je vois sur votre visage un certain conformisme, de la sentimentalité… mais pas de créativité ! Je fais de la morphophysiognomonie… Un homme peut se mettre en smoking, s'il est naze, une femme le sent. Les femmes, elles marchent pas à l'apparence !

MALCOLM. – C'est vrai qu'elles sont perspicaces. Surtout ma femme. Je suis marié. Elle a un sixième sens. Elle fait même venir les choses… Par exemple, elle me demande : « Ça va pas ? » Je lui réponds : « Si, ça va ! » Elle me dit : « On dirait pas ! » Ça suffit. Quelques minutes après, j'ai mal à la tête ! C'est dû à quoi, à votre avis ?

GRETA. – À votre connerie !… Je le dis comme je le pense !

MALCOLM. – Il faut toujours dire ce qu'on pense ! Et si nous allions au jardin ?

GRETA. – Non !

MALCOLM. – Je ne pense pas m'avancer trop en disant que vous n'avez pas l'habitude que l'on vous résiste ?

GRETA. – Affirmatif!

MALCOLM. – Ça se sent à des petits riens!… Quels sont vos rapports avec les hommes? Qu'est-ce que vous attendez d'un homme?

GRETA. – D'un vrai?

MALCOLM. – Pourquoi? Il y en a des faux?

GRETA. – Avec moi, un homme, un vrai, doit être sur le qui-vive du matin au soir… s'il veut pas que je lui mange son pouvoir!

MALCOLM. – Ah! très bien!… Oui… Oui… Je vous perçois mieux!… Je n'avais pas senti toutes ces nuances dans votre mail!

GRETA, *carnassière et souriante.* – Si l'homme domine pas, je domine… et quand je domine, je détruis! C'est ma pente naturelle. Comme toute femme, je suis partagée entre deux forces : dominer, être dominée. Dans quelle catégorie vous vous situez?

MALCOLM. – Pour que les choses soient claires, je préfère vous dire tout de suite…

GRETA. – Vous avez une tête de dominé!

MALCOLM. – Je proteste! Je ne suis certes pas un dominant… *(Se levant.)* Dites-moi, on parle d'hommes ou de chiens?

GRETA, *ironique.* – Assis!

Malcolm s'assoit et se relève aussitôt.

MALCOLM. Au fait, sachez que contrairement à ce que j'ai dit tout à l'heure, j'adore le jazz! J'avais affirmé le contraire par… par inattention! *(Viril.)* Et je le prouve! *(Il plaque quelques accords de « son » morceau.)* Non, mais alors!

GRETA. – Le mâle se réveille.

MALCOLM. – Il ne s'était pas endormi, chère madame.

GRETA. – Le dominé qui tente d'affirmer une virilité vacillante !... Ça ne dure qu'un temps, les hommes, je les côtoie toute la journée. Des biscoteaux là. *(Touchant son bras.)* Oui, enfin… pas tous… mais… *(Montrant sa tête.)* Là, de la fumée, de la brume !

MALCOLM. – Ça dépend desquels !

GRETA. – Tous !… Je sais ce que je dis… Écoutez, j'ai un type sous mes ordres. Un costaud. Tous les jours, dans mon bureau, pendant qu'il me fait son rapport, je lui caresse ses fesses musclées. Il moufte pas. Je sais qu'il a envie de me détruire, mais il moufte pas.

MALCOLM. – Mais c'est pile-poil du harcèlement sexuel !

GRETA. – Pas du tout ! Je veux pas me le faire !… D'ailleurs, quand j'ai compris que ça lui déplaisait pas, je l'ai fait muter.

MALCOLM. – C'est un abus de pouvoir monstrueux… Au fait, quel est votre métier ?

GRETA. – Si on vous le demande !

MALCOLM. – Écoutez, je n'aime pas…

GRETA. – Maintenant, à sa place, il y a un gros plein de soupe, adipeux, puant et tout. Vous savez ce que je lui fais à celui-là ?

MALCOLM, *net.* – Ça ne m'intéresse pas. *(D'une petite voix.)* Dites voir quand même !

GRETA. – Je l'appelle « ma poulette »… Il en bave de rage…

MALCOLM. – Je ne connais pas votre parcours, mais…

GRETA. – Ni moi le tien !… Sentimentalement, t'en es où ?

MALCOLM. – Ma femme… m'a quitté… il n'y a pas longtemps d'ailleurs !… Je sens encore sa présence…

GRETA. – Cocu. Maso. Content ! Hein ?

MALCOLM. – Permettez !

GRETA. – Elle était sévère ?

MALCOLM. – Sans plus.

GRETA. – Elle te cognait ?

MALCOLM. – Non, mais ça va pas !

GRETA, *engageante.* – Entre nous…

MALCOLM. – Mais non… enfin…

GRETA. – Mmmm ?…

MALCOLM. – Hein ?

GRETA. – Allons !

MALCOLM, *joue soudain le jeu.* – C'est-à-dire… Ça s'est pas trouvé…

GRETA. – C'est vrai ce mensonge ?

MALCOLM, *continue.* – Enfin si ! Un peu… sur le tard !

GRETA. – Eh bien, ben voilà, on y arrive !

MALCOLM. – Les soirs où on s'ennuyait… tac une gifle par-ci, par-là…

GRETA. – Allez, déballe tout !

MALCOLM. – Euh… elle m'attachait au radiateur… C'était long, surtout le week-end…

GRETA. – Mais bon, hein ?… Tu aimerais rebeloter avec moi ? *(Avançant sur lui.)* Dis, hein ?

MALCOLM. – Greta ! Stop ! Je plaisantais ! Greta, on arrête ! Greta ! Je ne suis pas masochiste !

GRETA. – On dit ça !

MALCOLM, *avec force.* – On le dit parce que c'est vrai ! J'ai un tempérament moqueur !… Hein, Greta ? Je plaisantais !

GRETA. – Tu t'es foutu de moi ?

MALCOLM. – Greta, détendez-vous !… C'était de l'humour ! Un humour un peu dangereux je vous le concède, mais de l'humour !…

> *Un temps. Leslie passe devant la fenêtre, regarde à l'intérieur et s'éloigne sans être vue ni de Malcolm ni de Greta.*

GRETA, *change de ton, aguicheuse.* – Tu me trouves comment ?

MALCOLM. – Bien…

GRETA. – Qu'est-ce qui te plaît en moi… plus spécialement ?

MALCOLM. – Je ne… Tout ! Tout est bien. La tête… les yeux… les cheveux !

GRETA. – J'aime pas qu'on les touche !

MALCOLM, *taquin.* – Même du bout des doigts ?

GRETA, *sourit.* – Même… Ne le fais pas !

> *Malcolm avance sa main vers les cheveux de Greta. Il les effleure. Elle continue à lui sourire. Elle se détend. Brusquement, elle lui fait une clé de bras et l'immobilise.*

MALCOLM, *la tête coincée sur le canapé.* – C'est marrant… J'ai beau me forcer, j'arrive pas à vous trouver sympathique !

GRETA. – On ne touche pas la dame sans son consentement. Vu ?

MALCOLM, *même position.* – Vu !

GRETA. – Sans un ordre écrit, lu et approuvé par elle. Vu ?

Malcolm, *même position.* – Vu !… Eh bien, dites donc ! Vous avez fait de la lutte, non ?… Ou ce genre de truc ?

Greta. – Faut bien. Je suis patronne d'une société de gardiennage.

Malcolm, *souriant.* – Ah ! c'est ça !… *(Hurlant.)* Mais vous êtes complètement… mais complètement… cloung-cloung !!! Qu'est-ce qui vous a pris ?!

Greta. – Toucher mes cheveux sans mon accord, je considère ça comme une agression.

Malcolm. – Vous auriez réagi comme ça face à une armoire à glace ?

Greta. – Bien sûr que non… Mais tu n'es pas une armoire à glace !

Malcolm. – Mais espèce de… Dans quel monde vivez-vous ? Et à quelle époque ? Celle de Néandertal ? Des Australopithèques ? Avant ? Laissez-moi vous dire une chose : vous fonctionnez avec votre vieux cerveau reptilien. Celui des instincts primaires. Chez moi, il était en sommeil ! Vous l'avez réveillé. Gare ! Derrière le docteur Jekyll, il y a Mister Hyde !!!

Greta. – D'accord ! *(Elle le libère et se met en position d'attaque.)* Approche ! Allez, viens ! Viens prendre ta pâtée !…

Malcolm. – « Viens prendre ta pâtée ! » Encore une fois, je ne suis pas un chien… *(Il pousse un cri qui ressemble à un aboiement.)* Je ne vais pas taper sur une femme ! Ça se fait pas. *(Il se jette sur elle en traître et s'écroule, victime d'une clé de bras.)* Arrêtez !

Greta. – Plus fort, j'ai pas bien entendu.

Malcolm. – Assez.

Greta. – Poliment.

MALCOLM. – S'il vous plaît, assez !…

GRETA. – S'il vous plaît qui ?

MALCOLM. – S'il vous plaît madame, assez !

GRETA. – Demande pardon !

MALCOLM. – Pardon madame !

GRETA. – Je te plais ? Tu me désires ?

MALCOLM. – Moui !

GRETA. – On va s'aimer, alors ! À ma façon !

LESLIE, *off.* – Chéri !

MALCOLM. – Ma femme ! C'est encore ma femme ! Je suis foutu ! Lâchez-moi ! Ma femme !

LESLIE, *passe devant la fenêtre.* – Je t'ai rapporté de la mort-aux-rats !

MALCOLM. – A plus de rats ! Finis les rats !

Leslie entre et pose une boîte sur la table. Elle voit Malcolm prisonnier de Greta.

LESLIE. – Qu'est-ce que tu fais sous cette femme ?

MALCOLM. – Qu'est-ce que je fais ? Qu'est-ce que je fais ? C'est évident, non ? Enfin ! De la lutte ! Madame est experte… en combat rapproché.

GRETA, *à Leslie.* – ONPF !… Office national… de la protection des Français !… Compte tenu de l'aggravation… des agressions sur personnes… les autorités ont décidé d'envoyer des agents chez les particuliers… pour leur apprendre à réagir en cas d'attaque.

MALCOLM. – C'est une initiative du ministère de la Défense.

GRETA. – Je faisais une démo à votre mari : comment réagir face à l'agression d'un voyou…

MALCOLM. – Et ça marche ! J'ai fait semblant de l'attaquer. Pof ! madame m'a neutralisé ! Pile-poil ! Impossible de bouger ! *(À Greta.)* Vous pouvez me lâcher, merci !

Greta le libère.

LESLIE. – C'est chouette comme initiative !

MALCOLM. – Super-chouette ! Merci madame de votre visite… J'ai beaucoup appris et je m'efforcerai de mettre en pratique vos conseils au cas où…

LESLIE. – Attends, et moi ? *(À Greta.)* Vous pourriez faire une démo pour moi ?

GRETA. – On est là pour ça ! Les femmes sont hélas les premières victimes.

MALCOLM. – Ne vous donnez pas la peine, je lui montrerai !

LESLIE. – Taratata ! Je te connais ! *(À Greta.)* Il est nouille physiquement !

GRETA. – J'ai vu ! Bon ! On va imaginer qu'un individu veuille voler votre sac.

LESLIE. – Oh oui ! Ça m'est arrivé une fois !

GRETA, *prend le sac de Leslie.* – Regardez bien ! *(À Malcolm.)* Je me promène, et vous, vous arrachez le sac ! D'accord ?

MALCOLM. – Moi ? Pourquoi je volerais le sac de ma femme ? J'ai aucune raison de voler son sac ! J'ai jamais fait ça, moi, voler un sac !

LESLIE. – C'est de la simulation, mon chéri.

MALCOLM. – M'en fous !

LESLIE. – Fais pas ta mauvaise tête ! Fais ce que te dit la dame !

MALCOLM. – Je préfèrerais faire ma femme… ou même le sac !

LESLIE. – Il est bête !

GRETA. – Ça suffit, les chichis ! Vas-y ! Je fais la femme qui passe, tu arraches le sac. Du côté que tu veux. Je te calcule pas ! Madame, regardez bien. Vas-y !

> *Malcolm, sans enthousiasme, arrache le sac et se fait plaquer au sol. Il crie.*

LESLIE. – Superbe !

GRETA, *à Leslie.* – Pigé ?

LESLIE. – J'ai pas eu le temps de voir !

GRETA. – Normal ! *(À Malcolm.)* Allez, on y retourne ! Arrache !… Arrache !

> *Protestation de Malcolm. Greta refait la prise sur Malcolm qui s'étale.*

LESLIE. – Ça va vite.

GRETA. – Je vais décomposer le mouvement. *(À Malcolm.)* Arrache le sac lentement ! *(Malcolm s'exécute de mauvaise grâce et Greta le fait tomber au ralenti.)* Allez-y ! À vous ! *(Leslie refait la prise de Greta.)* Bien ! Vous êtes douée.

LESLIE. – C'est hyper intéressant…

MALCOLM. – Passionnant ! Merci ! Au revoir, madame !

GRETA. – Attends ! Maintenant on va faire l'attaque du violeur !

MALCOLM. – Ah non! Pas le violeur! Ah non non non! Pas le violeur! Pas! Oh non non non! Je me refuse à faire le violeur!

GRETA. – Il n'est pas très coopératif votre monsieur.

LESLIE. – Je suis désolée. Je vais prendre vos coordonnées.

GRETA. – Je suis sur Internet à « gaffatagueulpovcon ».

LESLIE. – En un seul mot?

GRETA. – Absolument!

MALCOLM. – Au revoir, madame, et si vous repassez, n'hésitez pas à venir me mettre une branlée! Non, je veux dire…

Greta ricane et s'en va.

LESLIE. – Tu as été en dessous de tout. Tu m'as fait honte! Comment? Voilà une femme qui est mandatée par le ministère de la Défense. Elle est compétente, ça se sent tout de suite les gens compétents, et toi, tu rechignes à coopérer! Tu as envie qu'en cas d'attaque je meure, c'est ça? Tu veux qu'une bande de jeunes me plie dans une tournante sans que je puisse réagir, c'est ça? Ou que des dealers pervers me shootent au fin fond d'un parking, et qu'on me retrouve au matin nue, violée, froide et bleue? C'est ça que tu veux? *(Hurlant.)* Bleue?

Le portable de Leslie sonne.

VOIX DE LIONEL. – Salut, ma belle…

LESLIE. – Lionel? Je suis avec Malcolm…

VOIX DE LIONEL. – Ah? Il va bien?

LESLIE. – Il a eu des petits problèmes.

VOIX DE LIONEL, *ironique.* – Des problèmes de chaufferie?

Malcolm se précipite et prend le portable.

MALCOLM. – Non. Tout marche bien de ce côté-là. On a chaud. Même l'eau froide est chaude ! Voilà. Merci de t'être inquiété, Lionel. Je te repasse Leslie ?… Ça a coupé !

LESLIE. – Il me rappellera. Je m'en vais. Au revoir, mon hérisson.

MALCOLM. – Au revoir. À tout à l'heure.

LESLIE. – Pourquoi à tout à l'heure ?

MALCOLM. – J'imagine que tu vas revenir. Tu n'arrêtes pas.

LESLIE. – Non, là, je n'ai plus rien à t'apporter. Au revoir, chéri-bijou.

MALCOLM. – Chérie-mamou… *(Leslie fait un rapide « geste de protection » et s'en va. Dehors, on entend sonner le portable de Leslie. Malcolm attend le démarrage de la voiture et s'écroule dans un fauteuil.)* Comment je résiste à tout ça, moi ? Enfin, je suis encore en vie. C'était pas gagné d'avance ! *(Il se sert un whisky, boit.)* Au fait, pourquoi Lionel a appelé Leslie ? *(Il prend la boîte apportée par Leslie, rigole, puis machinalement lit le mode d'emploi.)* « Dans les jardins, les rats creusent des terriers, dans les tas de compost ou dans les remises. Vérifier. Il y a toujours un trou soigneusement caché qu'ils empruntent dans la maison… » *(Il pose la boîte, la reprend. Il change de ton.)* Soigneusement caché ?… Mais oui, bien sûr ! C'est ça l'idée. Au bout de l'alignement des naines rouges en F 9990, il y a un trou noir… soigneusement caché comme celui des rats… et… la super planète que je cherche. Eurêka ! Merci les rats ! *(Il va à l'ordinateur et écrit.)* « Dear fellows of the International Astronomic Society, I have had a flash. I calculated that there is a planet in F 9990… » *(Pour lui.)* C'est ça ! J'en suis sûr ! *(Il continue à écrire.)* Comment on dit « vérifier » ? « Please have a good verification and

54

let me know. Sincerely yours. » *(Il regarde son carnet.)* Oh oui !
C'est là. Pile-poil planquée derrière cette masse… *(Apparaît une femme
entièrement voilée. Il sursaute.)* Aaaah ! Ah ! ben, voilà autre chose !

CLAIRE. – Je vous ai surpris ?

MALCOLM. – Où allez-vous chercher ça ?…

CLAIRE. – Je suis Claire.

MALCOLM. – Claire ? Ça va bien avec le costume. Entrez… *(À part.)*
Et de trois ! *(Tapant sur l'ordinateur.)* « À bientôt. Tenez-moi au courant. Malcolm. » *(Entre la femme voilée.)* Vous venez d'où ?

CLAIRE. – Vaulx-en-Velin.

MALCOLM. – Ça me dit quelque chose.

CLAIRE. – Chaude la banlieue, chaude ! Les keufs… *(Regard incom-
préhensif de Malcolm.)* Les flics chôment pas là-bas avec la caillera.

MALCOLM. – Ici aussi. La femme que votre présence a chassée
avait quelque chose d'un flic.

CLAIRE. – Un keuf chez vous ?

MALCOLM. – C'était une femme.

CLAIRE. – Une meuf keuf ?

MALCOLM. – Une folle.

CLAIRE. – Une meuf keuf louf ?

MALCOLM. – À vos souhaits.

CLAIRE. – Qu'est-ce qu'elle voulait ?

MALCOLM. – Protection ! Au fait, votre… habit, vous le mettez
quotidiennement ou pour les grandes occasions ?

CLAIRE. – Ma copine le mettait plus, elle me l'a passé !

MALCOLM. – Logique ! Je commence à fatiguer, moi. Ça doit être bien pour pas être embêtée dans la rue.

CLAIRE, *pose son sac sur la table*. – C'est pas pour ça que je le mets. En fait, je ne veux pas qu'on me voie !

MALCOLM. – Pourquoi ne voulez-vous pas qu'on vous voie ?

CLAIRE. – C'est mon secret !

MALCOLM. – Peut-être que vous êtes très moche et que…

CLAIRE. – Bingo !

MALCOLM. – Quoi, bingo ?

CLAIRE. – Bingo ! Pan dans le mille ! Bingo !

MALCOLM. – Vous voulez dire que j'ai pile-poil…

CLAIRE. – Pile-poil deviné… Je suis affreuse !

MALCOLM, *bas*. – Oh ! la gaffe !

CLAIRE. – Mon visage est repoussant ! Limite gerbant ! Vous voulez voir ?

MALCOLM. – Je vous en prie, restez couverte. On peut très bien deviser tranquillement… Alors, Claire, qui êtes-vous ?

CLAIRE. – Je suis mineure.

MALCOLM. – Écoutez, mineur est certainement un métier très dur pour une femme mais…

CLAIRE. – Pas mineure de fond !

MALCOLM. – De surface ? C'est moins pénible.

CLAIRE. – Mineure tout court ! J'ai seize ans !

MALCOLM. – Ah ! mineure ! *(Réalisant.)* Mineure ?… Stop ! « Achtung ! Nicht Hinauslehnen !!! » Veuillez emprunter les toboggans situés sur le côté de l'appareil et gagner les sorties de secours ! *(Il met ses mains en porte-voix.)* Attention ! Alarme ! Alarme ! *(Il imite une sirène d'alarme.)* « Schnell ! » Les femmes d'abord ! « Schnell ! Furstenzee ! Verboten stationieren ! È pericoloso sporgersi ! »

CLAIRE. – Il pète les plombs !

MALCOLM. – « Schnell ! Nicht sprecht ! » *(Il sort en courant.)*

CLAIRE. – Non, mais j'hallucine !

MALCOLM, *dehors, à la fenêtre*. – Je ne reste pas sous le même toit que cette « sixteen years old girl » !…

CLAIRE. – Vous avez pris du crack ou quoi ?

MALCOLM, *rentre, prend un dictaphone et l'enregistre*. – Vous êtes ici de votre plein gré ?

CLAIRE. – Oui !

MALCOLM. – Pourquoi ?

CLAIRE. – Je me suis barrée de chez mes parents adoptifs… et je suis tombée sur l'annonce !

MALCOLM. – Vous vous êtes enfuie de chez vous ! Mais alors la police vous recherche !

CLAIRE. – Non, mes tuteurs s'en foutent.

MALCOLM. – Ah ! tant mieux ! Je veux dire… pas de parents ?

CLAIRE. – Je suis née de ventre inconnu… J'ai eu une enfance sans joie dans un monde sans pitié. Vous voulez que je trace ma route ?

MALCOLM. – Je ne peux pas vous laisser partir, seule et abandonnée, proie facile pour les déséquilibrés de la nuit! *(À part.)* Je parle comme ma femme!

CLAIRE. – Il y a les quais de gares.

MALCOLM. – Non, je ne vous laisserai pas dormir sur un quai de gare.

CLAIRE. – Non? Alors arrêtez de me mater comme si j'allais tout cambrioler dans la nuit.

MALCOLM. – Je ne suis pas chez moi. Vous imaginez la réaction du propriétaire, un ami, certes, mais… Qu'est-ce que vous êtes venue chercher ici?

CLAIRE. – Un peu de chaleur humaine! Mon tuteur est alcoolo. Il tape sa femme. Il me tape aussi! En fait, je voudrais qu'on m'adopte!

MALCOLM. – Ah? Vous voulez que…

CLAIRE. – Ça vous dirait pas? Je coûte pas cher… je vous ferai les courses, la vaisselle, le ménage, les chiottes à fond… Économie! Non? Vous faites monter les enchères? Attendez, qu'est-ce que vous voulez que je sois? Votre chose, votre carpette, votre esclave? Putain de monde bâtard! Monde vicieux! Monde de haine! Monde de…

MALCOLM, *touché*. – Ne vous énervez pas… Je voudrais bien vous adopter, mais ma femme ne comprendrait pas… Elle trouverait ça louche. Cela dit, si vous êtes vraiment moche… on se parle franchement… elle ne sera peut-être pas jalouse. Vous êtes vraiment… *(Il fait une grimace, elle approuve de la tête.)* Oui? Alors pourquoi pas? Je l'ai souvent vue généreuse avec des boudins… On en reparle demain.

CLAIRE. – Merci. En attendant, le boudin vous salue ! *(Elle enlève son voile. Elle est souriante et malicieuse.)*

MALCOLM. – Mais… mais… vous n'êtes pas moche !

CLAIRE. – Ça te la coupe, hein ? Alors l'adoption, c'est oui ? *(Elle se jette sur lui.)* Oh ! mon papa ! Mon papa à moi ! J'ai un remplaçant, papa ! Il est pas extra mais c'est mieux que d'en avoir pas ! *(Elle l'embrasse sur la joue.)*

LESLIE, *apparaissant à la fenêtre.* – Je le savais ! *(Cri de Malcolm.)* Piégé ! Attrapé ! Pris en flag ! Alors, sale hérisson, tu viens à la campagne pour te taper des filles, pas pour travailler ! J'ai enfin la preuve ! Tu viens ici pour le tacatatrac ! Hein ? Pour le tacatatractractrac ! Hein ?… Pour le…

MALCOLM. – Ni pour le tacatatrac, ni pour le tacatatractractrac ! Je vais t'expliquer…

LESLIE. – Monstre ! Tu me bafoues, tu me trompes, tu m'humilies !

MALCOLM. – Chérie-mamou, mais non…

LESLIE. – Quelle idiote ! J'avais tiré la carte de l'adultère, et je ne saisissais pas sa signification !… Vous avez fusionné, hein ?

MALCOLM. – Ah non ! Mademoiselle peut te le confirmer !

CLAIRE. – Claire confirme : pas de fusion avec un bouffon ! C'est pas le style de la maison !

LESLIE. – Qu'est-ce qu'elle dit ? Qui êtes-vous ?

LAURÈNE. – Une actrice. J'ai commencé à seize ans. J'ai déjà joué dans « Les Monologues du vagin » bien sûr avec Claire Chazal et Galabru… non, je suis bête, Galabru c'était dans « Le Prince de Hombourg »… et « Le Cid » avec Cauet !…

LESLIE. – On ne vous a pas demandé votre curriculum ! Vous vouliez coucher avec mon mari, hein ?

MALCOLM. – Mais non, ma chérie ! C'est Lionel… À mon corps défendant, il m'a inscrit sur « Meet Me ».

LESLIE. – « Meet Me » ? Tu draguais sur Internet ?!

MALCOLM. – Lionel m'a fait une farce. Il a passé une annonce pour moi…

LESLIE, *à Laurène*. – Votre rôle dans l'affaire ?

LAURÈNE. – Pour moi, c'était top… J'avais carte blanche pour séduire le monsieur, sans obligation de coucher… Et en plus, j'étais bien payée. Le rêve !

LESLIE. – Lionel ?

LAURÈNE, *acquiesce*. – C'est un ancien à moi. *(Tête de Leslie.)* Ce job me permettait de confronter au réel mon talent d'actrice.

MALCOLM. – Qui est grand. Mais pourquoi avoir accepté ce genre de… rôle ?

LAURÈNE. – J'avais pas mes heures d'Assédic ! C'était ça ou une figu dans « Plus belle la vie ». J'ai pas hésité !

MALCOLM. – Chérie, désolé, j'aurais dû être plus vigilant, mais…

LESLIE. – Tu n'as rien à te reprocher. Tout est de ma faute…

MALCOLM. – Comment ça, chérie-mamou ?

LESLIE. – J'avais promis à Lionel d'être à lui si un jour tu me trompais…

MALCOLM. – Quoi ?!

LESLIE. – Oui, chéri-bijou ! Lionel me drague depuis toujours !

MALCOLM. – Ah bon ? Jamais rien vu !

LESLIE. – En dehors de tes étoiles, tu ne vois pas grand-chose, mon chéri ! Avant-hier, il me prévient : « Ton mari te trompe ! Il va aller chez moi à la campagne pour recevoir des filles via "Meet Me" ! »

MALCOLM. – Ah ! le salaud !

LESLIE. – J'ai répondu : « Si c'est vrai, je suis à toi et je divorce ! »

MALCOLM. – Parce que tu as cru Lionel ?

LESLIE. – Non… mais tu sais comment sont les femmes, on veut être sûres…

MALCOLM. – Mais tu es une grande malade ! Vous êtes tous de grands pervers ! Voilà la raison de tous tes allers-retours !

LESLIE. – Oui, chéri-bijou ! Je n'ai pas eu confiance en toi, mon hérisson sans reproche ! Pardonne-moi !

MALCOLM. – J'appelle Lionel.

LESLIE. – Oui, et va lui casser la gueule !

LAURÈNE. – Non ! Si vous faites ça, il ne me payera pas !

MALCOLM. – Rassurez-vous, je ne le ferai pas. Depuis un an, il s'est mis aux poids et haltères. En revanche, je vais mettre le feu chez ce malade du sexe… Chérie-mamou, regarde à quoi tu as échappé ! *(Il ouvre la porte de la chaufferie qui s'allume. Musique et lumières. Leslie regarde à l'intérieur.)* Épouvantable, non ?

LESLIE. – Tout ce matériel sexy ! Quelle horreur ! Mais quelle horreur ! *(Changeant de ton.)* Viens, on va faire mumuse. Dis au revoir à la dame ! *(Elle disparaît dans la chambre.)*

LAURÈNE. – Quelle histoire, hein ? Nous allons vous quitter…

MALCOLM. – « Nous » ? Qui « nous » ?

LAURÈNE. – Nous… Manon, Greta, Claire et moi, Laurène. *(Ton Manon.)* Manon vous regrettera…

MALCOLM. – Quoi ? Non ! Manon… c'était vous ? J'ai rien vu. Quel talent ! Oh ! diablesse !

LAURÈNE, *ton Greta.* – Mais aussi Greta, la « killeuse ». Elle va vous regretter aussi…

MALCOLM. – Pas moi. Merci pour tout. *(Laurène avance vers lui, troublante.)* Qu'est-ce que vous avez ?…

LAURÈNE. – Nous voulons te revoir ! *(Elle le poursuit.)*

MALCOLM. – Non, non… Si ma femme sort, elle va… *(Il passe devant l'ordinateur.)* Stop ! Il y a un mail de la Société Internationale ! C'est la NASA !… *(Il aboie de joie.)* Aaaaah !… Une Super-Terre a été détectée là où j'avais dit !

LESLIE, *off.* – Mon hérisson !

MALCOLM. – J'arrive ! *(Lisant.)* « You have done a capital discovery… » *(À Laurène.)* J'ai fait une « capital discovery »!,., Youpi !… Ils me proposent de travailler en Amérique… *(Il répond.)* « I accept your offer with big pleasure !… Wonderful !… » C'est dingo ! *(Il saute de joie. La chambre d'amour s'ouvre, lumières multicolores, serpentins et musique… Leslie apparaît dans un habit extravagant, érotico-comique. Laurène se dissimule.)* Aaaaaaaah !

LESLIE. – Mon poulpe d'amour ! Mon gluant ! Comment tu me trouves ?

MALCOLM. – Pipipil… pile-poil ! Ma chérie ! Pile-poil ! Ma chérie, j'ai trouvé une étoile, et la NASA…

LESLIE. – Chaque chose en son temps. *(Leslie danse, dégoulinante de sensualité.)*

LAURÈNE, *bas*. – Emmène-nous en Amérique ! Manon te fera la squaw qui attend tes flèches, attachée au poteau…

MALCOLM. – Ah ! Manon fait la… squaw ?

LAURÈNE, *bas*. – Claire, la pom-pom girl aux multiples culottes si difficiles à enlever…

MALCOLM, *comme essouflé*. – Elle fait la pom-pom ?

LAURÈNE, *bas*. – Greta te fera la « bad girl » en attente près de la pompe à essence… Et moi, la fille molle pour que tu sois dur…

MALCOLM. – Aaaaaaaaah !

LESLIE, *à Malcolm, s'arrête de danser*. – Je te plais à ce point ?

MALCOLM, *parle à Leslie et regarde Laurène*. – Oui, ma chérie ! Personne ne peut t'être comparé. Ni la squaw… ni la pom-pom girl… ni la pompe à essence… ni la fille dure pour que je sois mou…

LESLIE. – Viens, mon grand garçon.

MALCOLM. – Oui, chérie-mamou.

LESLIE. – Viens. Je vais te faire la naine rouge. *(Elle entre dans la chaufferie.)*

LAURÈNE, *le caresse*. – Et moi, la Peau-Rouge… en Amérique !

MALCOLM. – Aaaaaaaah !

LAURÈNE, *bas, s'accroche à lui*. – Voici ma carte. Jure de nous emmener aux States où on t'empêche d'entrer…

MALCOLM. – Aaaaaaaaaah !

LAURÈNE, *bas*. – Jure !

LESLIE, *off.* – Mon poulpe lubrique ?

Malcolm. – J'arrive ! *(À Laurène.)* Je jure de vous emmener toutes les quatre aux States.

Elle le libère. Il entre dans la chaufferie. Musique et lumières. On entend Malcolm crier, il ouvre la porte, sort à moitié, mais, tiré de l'intérieur par Leslie, disparaît et réapparaît. Même jeu à plusieurs reprises.

Leslie, *off*. – Oh ! mon poulpe, je suis ta pieuvre… Ta pieuvre des profondeurs !

Malcolm. – Aaaaah ! Lâche-moi ! Tu es une grande malade !… *(À Laurène qui le vampe à chaque fois qu'il se montre.)* Vous êtes toutes de grandes malades !… Toutes ! Aaaaah !

La porte se referme brutalement.

NOIR

FIN

AVIS IMPORTANT

Cette pièce de théâtre fait partie du répertoire de la Société des Auteurs et Compositeurs Dramatiques, 11 bis rue Ballu 75442 PARIS Cedex 09. Tél. : 01 40 23 44 44. Elle ne peut donc être jouée sans l'autorisation de cette société.

Nous conseillons d'en faire la demande avant de commencer les répétitions.

Imprimé à la demande par Libri Plureos GmbH, Bad Hersfeld, Allemagne

1re édition, dépôt légal : mai 2013
N° d'édition : 201314
ISBN : 978-2-84422-912-0